Impressum

Beanie Preisführer 1999
Adrian Platzbecker - Verlag und Vertrieb -
Postfach 14 04
56210 Mülheim-Kärlich
Tel. 0 26 30 / 95 91 50 und 95 91 51
Telefax 0 26 30 / 95 91 52

Erhältlich auf Börsen, Märkten, Fachgeschäften und im
Buchhandel unter ISBN 3-9804595-8-6
Verkaufspreis 12,– DM
oder beim Verlag gegen 16,– DM Vorkasse-Scheck
inkl. Versandkosten Inland.

Ihr Beanie Preisführer 1999 Händler:

D1662980

Vorgeschichte

Bereits seit vielen Jahren produziert die Firma Ty Plüschfiguren in großer Vielfalt und etablierte sich damit schon auf dem Sammlermarkt. Um das Sortiment abzurunden, fehlte nur noch eine Serie, welche zwar qualitativ hochwertig, jedoch so günstig sein sollte, daß selbst Kinder sie von ihrem Taschengeld bezahlen können. Dieses war die Geburtsstunde der Beanie-Babies. Obwohl Ty zu diesem Zeitpunkt bereits Verkaufsbüros in Mexiko, Kanada, England, Frankreich und Deutschland hatte, wurden die Beanie-Babies am Anfang nur in den USA verkauft.

Eine kleine Serie mit 10 verschiedenen Beanie-Babies, die Ende 1993 erschienen, verkauften sich zwar ganz gut, aber animierten den Sammler nicht unbedingt dazu, dieses als neues Sammelgebiet anzuerkennen.

Doch Ty reagierte: 1994 kamen neue Beanie-Babies hinzu und ab 1995 wurden diese Beanie-Babies „retired", d. h. man ließ die Produktion hierfür auslaufen, diese Beanies wurden „in Rente" geschickt und schon bald gingen die Sammlerpreise hierfür stetig nach oben.

Beanie Preisführer 1999 - Adrian Platzbecker - Verlag und Vertrieb -

Zur Zeit gibt es jedes Jahr 3 interessante Sammlerdaten, wo bekannt gegeben wird, welche Beanie-

Babies „retired" werden und welche Beanie-Babies neu auf den Markt kommen. Diese Aktionen finden zum 1. Januar, zum 1. Mai und zum 1. Oktober statt, wobei dieses Jahr zu beobachten war, dass bereits zum 15. September '98 angefangen wurde, fast täglich das eine oder andere Beanie zu „retiren".

Redaktion:
Adrian Platzbecker
Manfred Röttgen
Michael Aschenbrenner
Monika Platzbecker
Sandra Röttgen

Fotos:
Adrian Platzbecker
Christoph Tesar
Manfred & Sandra Röttgen
Michael Aschenbrenner

Layout & Satz:
Adrian Platzbecker
Christoph Tesar
Sascha Adolf

Wir haben uns ausgiebig mit dem englischen und amerikanischen Sammlermarkt beschäftigt und dabei folgendes festgestellt:

Unter den Beanie-Baby-Sammlern sind im allgemeinen die diversen Teddies am beliebtesten, diese erzielen von Anfang an höhere Preise, was nicht nur daran liegt, dass diese teilweise nur in einzelnen Ländern verkauft werden (z. B. Britannia in Großbritannien und Maple in Kanada) sondern auch daran, dass es genügend Teddy-Sammler gibt, die sich hierfür auch interessieren.

„Retired's" sollte man sich zuerst zulegen, denn diese steigen im Sammlerpreis schneller als die „normalen" Beanie-Babies.

Aufgepaßt bei Neuheiten: Diese sind am Anfang nur spärlich zu finden und werden deshalb oft zu weit überteuerten Preisen angeboten und fallen dann schnell im Preis. Auch von Gerüchten über diverse Beanie-Babies sollte man sich nicht unbedingt dazu verleiten lassen zu tief in die Tasche zu greifen. Achten Sie beim Kauf auch auf den „Swing-Tag" (herzförmiger Pappanhänger am Ohr). Dieser sollte möglichst unbeschädigt sein, denn beschädigte oder gar fehlende „Tags" reduzieren den Sammlerwert zum Teil erheblich.

Varianten: An einem verregneten Abend, an dem kein schöner Film im Fernsehen kommt, sollten Sie sich ruhig Ihre Beanies mal näher betrachten, denn Varianten tauchen hier und da schon mal auf und rechtfertigen je nach Häufigkeit sehr hohe Preiszuschläge. Wir werden hier noch weiter recherchieren und in einem der nächsten Beanie Preisführer darüber berichten.

Da es sich um eine amerikanische Firma handelt, taucht schon mal der ein oder andere Begriff auf, mit denen man es immer wieder zu tun hat und die wir hier erklären möchten: **„Swing-Tag" oder „Hang-Tag" oder „Heart-Tag":** der herzförmige Pappanhänger am Ohr, der z. B. Informationen wie Name, Geburtstag und Generation des Beanie-Babies beinhaltet. Im Zubehörmarkt gibt es eine Vielzahl von verschiedenen Schutzhüllen (Tag-Protectors), die dazu dienen, diese „Tags" vor Beschädigung zu schützen, denn beschädigte „Tags" reduzieren den Sammlerwert.

1. Generation
Dieser „Tag" war eine einfache (nicht aufklappbare) Version, die Anfang 1994 auf den Markt kam. (unterschiedliche Rückseiten sind bekannt)

2. Generation

Der „Tag" der 2. Generation weist den selben Schriftzug auf wie der der 1. Generation, ist jedoch aufklappbar und erschien im Frühjahr 1994. Neben Name und Artikelnummer konnte man hier eintragen, wer dieses Beanie-Baby in Liebe geschenkt hat. (unterschiedliche Innen- und Rückseiten sind bekannt)

1x1
für Beanie-Baby-Sammler

3. Generation

4. Generation

Dieser „Tag" unterscheidet sich im wesentlichen von der 2. Generation nur darin, dass der Ty-Schriftzug viel größer und in sogenannter Ballonschrift dargestellt wurde. Diese Version war ab Frühjahr 1995 zu finden und auch hier sind verschiedene Innen- und Rückseiten bekannt.

Hier wurde nun viel geändert als dieser „Tag" im Frühjahr 1996 erschien: Es fehlte die schwarze Umrandung im Ty-Schriftzug, der gelbe Stern mit „Original Beanie Baby" kam hinzu und auf der Innenseite wurden nun erstmals die Geburtstage der Beanie Babies aufgenommen. Zusätzlich ist jetzt ein kleiner Reim und der Hinweis zur Homepage zu finden. (verschiedene Innenseiten sind bekannt)

5. Generation

Redaktionsschluß leider nicht bekannt.

Der Schriftzug im Stern wurde geändert und im Innenteil wurde die Artikelnummer nicht mehr angegeben. Dieses „Tag" gibt es seit Anfang 1998. Mitte Juni 1998 tauchte ein „Tag" auf, in dem die Schriftart etwas geändert wurde, charakteristisch hieran ist, dass die Buchstaben enger beieinander stehen. Ob es sich um eine Modifizierung der 5. Generation handelt, oder ob es der Startschuß zur 6. Generation ist, war zum

Bekannt ist ferner ein 4eckiger „Tag" in schwarz-weiß, welcher ausschließlich in den ersten Monaten in Großbritannien verwandt wurde. Vermutlich waren zu diesem Zeitpunkt die „Tags" noch im Druck und man improvisierte hiermit, um den Verkauf nicht zu verzögern. Dieser „Tag" war übrigens auch nur an den 10 „Ur-Beanie-Babies" zu finden.

1x1
für Beanie-Baby-Sammler

„1th-market" (Primärmarkt)

Ty verkauft die Beanie Babies nur an die Händler (Spielzeuggeschäfte, etc.), die sie zu Einheitspreisen (Deutschland ca. 9,95 DM - 12,95 DM) verkaufen. Lediglich Teddies werden dort meist teurer angeboten. Natürlich sind in diesen Geschäften die „interessantesten" Beanies sofort wieder weg und nur mit sehr viel Glück überhaupt noch zu bekommen. Wir wissen, dass sich z. B. in Amerika manchmal schon Nachts Schlangen vor den Geschäften bilden, wenn für den nächsten Tag eine Beanie-Lieferung angekündigt wurde.

„2nd-market" (Sekundärmarkt)

Preisangaben hier sind die Sammlerpreise. In unserem Katalog haben wir für viele Beanie-Babies keine deutschen Sammlerpreise angegeben, da dieses Gebiet in Deutschland zur Zeit noch im Anfangsstadium ist und noch zu viele Schwankungen auftreten können. Um trotzdem gewisse Abstufungen vorzunehmen, finden Sie hier folgende Bewertungen:

= besonders schwer zu finden

= schwer zu finden

= „retired", bald nicht mehr im Handel, bzw. Teddys

= zur Zeit noch im Handel

Beanie Preisführer 1999 - Adrian Platzbecker - Verlag und Vertrieb -

„Plush-Tag" oder „Tush-Tag"

dieser Stoffeinnäher beinhaltet unter anderem den Namen (teilweise), das © (Copyright)-Zeichen und gibt Aufschluß über das Füllmaterial (PE=Polyethylen oder PVC=Polyvenylchlorid) ebenso über das Herstellungsland, denn Ty läßt zur Zeit in China und Indonesien produzieren (früher auch in Korea)

1. Generation

dieser"Tush-Tag" in schwarz-weiß ist ausschließlich an den Beanie Babies wiederzufinden, die Swing-Tags der 1. oder 2. Generation haben. (unterschiedliche Varianten sind bekannt)

2. Generation

in dieser Version wechselte die Farbe in rot, das Ty-Herz wurde aufgedruckt und das ®-Zeichen kam hinzu.

3. Generation

das TM (Trademark)-Zeichen kam hinzu, das Ty-Herz wurde kleiner und zusätzlich kam der Name des Beanie Babys hinzu.

4. Generation

Diese wurde nur für eine Übergangszeit zwischen 3. und 5. Generation verwandt. Das Ty-Herz wurde mit einem Aufkleber überklebt wo links neben dem Herz ein Stern hinzu kam.

5. Generation

der Aufkleber entfällt durch den neuen Aufdruck und hinter „Beanie Babies" erscheint das ® (Registed)-Zeichen.

Not to be removed until delivered to the consumer	Ne pas enlever avant livraison au consommateur
This label is affixed in compliance with the Upholstered and Stuffed Articles Act	Cette étiquette est apposée conformément à loi sur les articles rembourrés
This article contains NEW MATERIAL ONLY	Cet article contient MATÉRIAU NEUF SEULEMENT
Made by Ont. Reg. No. 20B6484	Fabriqué par No d'enrg. Ont. 20B6484
Content:Plastic Pellets Polyester Fibers	Contenu:Boulette de plastique Fibres de Polyester
Made in China	Fabriqué en Chine

Sollten Sie Beanie-Babies mit einem zusätzlichen „Tush-Tag" in dieser Form finden, so handelt es sich hier um ein kanadisches Tag. Sämtliche Informationen sind hier in Englisch und Französisch.

6. Generation

wie Generation 5, jedoch „The Beanie Babies Collection" wurde erneut geändert – TM-Zeichen entfällt und ®-Zeichen nun hinter „Collection".

Ü-Eiernest Kaiserslautern

& Beanie Baby Shop

H. Leibel

Unser Name steht für Originalfiguren mit Originalzubehör

Wir haben eine große Auswahl an :

Beanie Babies und andere Ty Artikel zu Original Preisen

In unserem Überraschungsei-Programm finden Sie alles rund ums Ü-Ei Außerdem führen wir auch Figuren anderer Hersteller

In unserem Programm haben wir auch :

Druckverschlußbeutel, Sortierkästchen und Kataloge

Ladengeschäft und Versandhandel

Am Schmiedeturm 1
Eingang Gaustraße   Öffnungszeiten
67655 Kaiserslautern Mo-Fr   10:30 - 18:00
Tel. / Fax 0631/64987 SA   10:30 - 14:00

Ankauf auch größerer Sammlungen zu fairen Preisen

Ü-Ei Preisliste gegen 3,30 DM in Briefmarken

Checkliste

Europa

- [ ] Ants
- [ ] Baldy
- [ ] Batty
- [ ] Beak
- [ ] Bernie
- [ ] Blackie
- [ ] Blizzard
- [ ] Bones
- [ ] Bongo
- [ ] Britannia
- [ ] Bruno
- [ ] Canyon
- [ ] Chip
- [ ] Chocolate
- [ ] Claude

- [ ] Clubby
- [ ] Congo
- [ ] Crunch
- [ ] Curly
- [ ] Daisy
- [ ] Derby
- [ ] Doby
- [ ] Dotty
- [ ] Early
- [ ] Ears
- [ ] Echo
- [ ] Erin
- [ ] Fetch
- [ ] Fleece
- [ ] Floppity
- [ ] Fortune
- [ ] Freckles

- [ ] Gigi
- [ ] Glory
- [ ] Gobbles
- [ ] Goldie
- [ ] Gracie
- [ ] Halo
- [ ] Happy
- [ ] Hippity
- [ ] Hissy
- [ ] Holiday
- [ ] Hoppity
- [ ] Iggy
- [ ] Inch
- [ ] Inky
- [ ] Jabber
- [ ] Jake
- [ ] Jolly

- [ ] Kuk
- [ ] Legs
- [ ] Loos
- [ ] Luck
- [ ] Mel
- [ ] Mys
- [ ] Nan
- [ ] Nut
- [ ] Patt
- [ ] Pea
- [ ] Pea
- [ ] Pinc
- [ ] Pink
- [ ] Pou
- [ ] Pou
- [ ] Pum
- [ ] Prar

Außereurop. Beanie Babies

- [ ] Ally
- [ ] Bessie
- [ ] Bronty
- [ ] Brownie
- [ ] Bubbles
- [ ] Bucky
- [ ] Bumble

- [ ] Caw
- [ ] Chilly
- [ ] Chops
- [ ] Coral
- [ ] Cubbie
- [ ] Digger
- [ ] Doodle
- [ ] Flash
- [ ] Flip

- [ ] Flutter
- [ ] Garcia
- [ ] Grunt
- [ ] Hoot
- [ ] Humphrey
- [ ] Kiwi
- [ ] Lefty
- [ ] Libearty
- [ ] Lizzy

- [ ] Mag
- [ ] Mar
- [ ] Map
- [ ] Nan
- [ ] Peki
- [ ] Rad
- [ ] Rex
- [ ] Rig
- [ ] Sea

Teenie Beanie Babies

- [ ] Bones
- [ ] Bongo
- [ ] Chocolate

- [ ] Chops
- [ ] Doby
- [ ] Goldie
- [ ] Happy
- [ ] Inch

- [ ] Lizz
- [ ] Mel
- [ ] Patti
- [ ] Peanut
- [ ] Pinchers

- [ ] Pink
- [ ] Qua
- [ ] Sco
- [ ] Sea
- [ ] Sno

Beanie Preisführer 1999 - Adrian Platzbecker - Verlag und Vertrieb -

☐ Princess	☐ Snip	☐ Valentino
☐ Puffer	☐ Snort	☐ Waddle
☐ Pugsly	☐ Snowball	☐ Wares
☐ Quackers	☐ Spike	☐ Weenie
☐ Rainbow	☐ Spinner	☐ Whisper
☐ Ringo	☐ Spooky	☐ Wise
☐ Roam	☐ Spunky	☐ Wrinkles
☐ Roary	☐ Squealer	☐ Zero
☐ Rocket	☐ Stinger	☐ Ziggy
☐ Rover	☐ Stinky	☐ Zip
☐ Santa	☐ Stretch	
☐ Scoop	☐ Stripes	
☐ Scorch	☐ Strut	
☐ Scottic	☐ Teddy 1997	
☐ Seaweed	☐ Tracker	
☐ Sly	☐ Tuffy	
☐ Smoochy	☐ Twigs	

☐ Slither	☐ Teddy braun	☐ Web
☐ Sparky	☐ Teddy cranberry	
☐ Speedy	☐ Teddy jade	
☐ Splash	☐ Teddy magenta	
☐ Spot	☐ Teddy teal	
☐ Steg	☐ Teddy violet	
☐ Sting	☐ Trap	
☐ Tabasco	☐ Tusk	
☐ Tank	☐ Velvet	

☐ Speedy	☐ Complete Set '98
☐ Twigs	
☐ Waddle	
☐ Zip	
☐ Complete Set '97	

Beanie Baby Kalender

Januar

2. Zero
3. Spot
5. Kuku
6. Patti
13. Crunch
14. Spunky
15. Mel
18. Bones
21. Nuts
25. Peanut
26. Chip

Februar

1. Peace
3. Beak
4. Fetch
13. Stinky
13. Pinky
14. Valentino
17. Baldy
20. Roary
20. Early
22. Tank
25. Happy
27. Sparky
28. Flip

März

2. Coral
6. Nip
7. Gigi
8. Doodle
8. Strut
12. Rocket
14. Ally
17. Erin
19. Seaweed
21. Fleece
28. Zip
29. Loosy

April

3. Hoppity
4. Hissy
5. Whisper
12. Curly
16. Jake
18. Ears
19. Quackers
23. Squealer
25. Legs
27. Chocolate

Mai

1. Lucky
1. Wrinkles
2. Pugsley
3. Chops
10. Daisy
11. Lizzy
13. Flash
15. Snort
15. Tabasco
19. Twigs
21. Mystic
28. Floppity
29. Canyon
30. Rover
31. Wise

Juni

1. Hippity
3. Freckles
3. Scottie
5. Tracker
8. Bucky
8. Manny
11. Stripes
15. Scottie
17. Gracie
19. Pinchers
27. Bessie

Beanie Preisführer 1999 - Adrian Platzbecker - Verlag und Vertrieb -

Beanie Baby Kalender

Juli

1. Maple
1. Scoop
2. Bubbles
4. Lefty
4. Righty
4. Glory
7. Clubby
8. Splash
14. Ringo
15. Blackie
19. Grunt
20. Weenie
28. Freckles
31. Scorch

August

1. Gracia
9. Hoot
12. Iggy
13. Spike
14. Speedy
17. Bongo
17. Nana
23. Digger
27. Sting
28. Pounce
31. Halo

September

3. Inch
3. Claude
5. Magic
9. Bruno
12. Sly
16. Derby
16. Kiwi
18. Tusk
21. Stretch
27. Roam
29. Stinger

Oktober

1. Smoochy
3. Bernie
9. Doby
10. Jabber
12. Tuffy
14. Rainbow
16. Bumble
17. Dotty
22. Snip
28. Spinner
29. Batty
30. Radar
31. Spooky
31. Pumkin

November

3. Puffer
6. Pouch
7. Ants
9. Congo
14. Cubbie
14. Goldie
20. Prance
21. Nanook
27. Gobbles
28. Teddy
29. Inky

Dezember

2. Jolly
6. Fortune
6. Santa
8. Waves
12. Blizzard
14. Seamore
15. Britannia
16. Velvet
19. Waddle
21. Echo
22. Snowball
24. Ziggy
25. Teddy 1997
25. Holiday Teddy

Beanie Babys Nord-Amerika

Ally
Der Alligator

Geb.-Datum:
14. März 94

Bemerkung:
ab 1. Generation

Bessie
Die Kuh

Geb.-Datum:
27. Juni 95

Bemerkung:
nur 3. und 4.
Generation

Bronty
Der Brontosaurier

Geb.-Datum:
unbekannt

Bemerkung:
nur 3. Generation

Brownie
Der Braunbär

Geb.-Datum:
unbekannt

Bemerkung:
1. Generation,
(später als
Cubbie bekannt)

Bubbles
Der Fisch

Geb.-Datum:
2. Juli 95

Bemerkung:
nur 3. und 4.
Generation

Bucky
Der Biber

Geb.-Datum:
8. Juni 95

Bemerkung:
nur 3. und 4.
Generation

Beanie Babys Nord-Amerika

Bumble
Die Biene

Geb.-Datum:
16. Oktober 95

Bemerkung:
nur 3. und 4.
Generation

Caw
Die Krähe

Geb.-Datum:
unbekannt

Bemerkung:
nur 3. Generation

Chilly
Der Polar Bär

Geb.-Datum:
unbekannt

Bemerkung:
nur 1. bis 3.
Generation

Chops
Das Lamm

Geb.-Datum:
3. Mai 96

Bemerkung:
nur 3. und 4. Generation

Coral
Der bunte Fisch

Geb.-Datum:
2. März 95

Bemerkung:
nur 3. und 4. Generation

Digger
Die orangene Krabbe

Geb.-Datum:
unbekannt

Bemerkung:
nur 1. bis 3. Generation

Beanie Babys Nord-Amerika

Digger
Die rote Krabbe

Geb.-Datum:
23. August 95

Bemerkung:
nur 3. und 4.
Generation

Doodle
Der Hahn

Geb.-Datum:
8. März 96

Bemerkung:
nur 4. Generation
- neuer Name
Strut 4. u. 5. Gen.

Flash
Der Delphin

Geb.-Datum:
13. Mai 93

Bemerkung:
nur 1. bis 4.
Generation

Flip
Die weiße Katze

Geb.-Datum:
28. Februar 95

Bemerkung:
nur 4. und 5.
Generation

Flutter
Der bunte Schmetterling

Geb.-Datum:
unbekannt

Bemerkung:
nur 3. Generation

Garcia
Der bunte Bär

Geb.-Datum:
1. August 95

Bemerkung:
nur 3. und 4.
Generation

Beanie Babys Nord-Amerika

Grunt
Das Wildschwein

Geb.-Datum:
19. Juli 95

Bemerkung:
nur 3. und 4.
Generation

Hoot
Die Eule

Geb.-Datum:
9. August 95

Bemerkung:
nur 3. und 4.
Generation

Humphrey
Das Kamel

Geb.-Datum:
unbekannt

Bemerkung:
nur 1. bis 3.
Generation

Kiwi
Der Tukan

Geb.-Datum:
16. September 95

Bemerkung:
nur 3. und 4.
Generation

Lefty
Der Esel

Geb.-Datum:
4. Juli 96

Bemerkung:
nur 4. Generation

Libearty
**Der amerikani-
sche Bär**

Geb.-Datum:
Sommer 96

Bemerkung:
nur 4. Generation

Lizzy
Die blau/schw. Eidechse

Geb.-Datum:
11. Mai 95

Bemerkung:
nur 3. bis 5. Generation

Lizzy
Die bunte Eidechse

Geb.-Datum:
unbekannt

Bemerkung:
nur 3. Generation

Magic
Der Drachen

Geb.-Datum:
5. September 95

Bemerkung:
nur 3. und 4. Generation

Beanie Babys Nord-Amerika

Manny
Die Seekuh

Geb.-Datum:
8. Juni 95

Bemerkung:
nur 3. und 4.
Generation

Nana
Der Affe

Geb.-Datum:
unbekannt

Bemerkung:
nur 3. Generation

Peking
Der Panda Bär

Geb.-Datum:
unbekannt

Bemerkung:
nur 1. bis 3.
Generation

Beanie Babys Nord-Amerika

Radar
Die Fledermaus

Geb.-Datum:
30. Oktober 95

Bemerkung:
nur 3. und 4.
Generation

Rex
Der Tyrannosaurus

Geb.-Datum:
unbekannt

Bemerkung:
nur 3. Generation

Righty
Der Elefant

Geb.-Datum:
4. Juli 96

Bemerkung:
nur 4. Generation

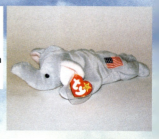

Seamore
Der Seehund

Geb.-Datum:
14. Dezember 96

Bemerkung:
nur 1. bis 4.
Generation

Slither
Die Schlange

Geb.-Datum:
unbekannt

Bemerkung:
nur 1. bis 3.
Generation

Sparky
Der Dalmatiner

Geb.-Datum:
27. Februar 96

Bemerkung:
nur 4. Generation

Speedy
Die Schildkröte

Geb.-Datum:
14. August 94

Bemerkung:
nur 1. bis 4.
Generation

Splash
Der Orkawal

Geb.-Datum:
8. Juli 93

Bemerkung:
nur 1. bis 4.
Generation

Spot
**Der schwarz-
weiße Hund**

Geb.-Datum:
3. Januar 93

Bemerkung:
nur 2. bis 4.
Generation

Steg
Der Stegosaurier

Geb.-Datum:
unbekannt

Bemerkung:
nur 3. Generation

Sting
Der Rochen

Geb.-Datum:
27. August 95

Bemerkung:
nur 3. und 4.
Generation

Tabasco
Der rote Bulle

Geb.-Datum:
15. Mai 95
Bemerkung:
nur 3. und 4.
Generation

Beanie Babys Nord-Amerika

Tank
Das Gürteltier mit 7 Streifen

Geb.-Datum:
unbekannt

Bemerkung:
nur 3. und 4.
Generation,

Tank
Das Gürteltier mit 9 Streifen

Geb.-Datum:
22. Februar

Bemerkung:
nur 4. Generation
-kleines Bild mit
Nasenpunkt

Teddy
Brown Bear

Geb.-Datum:
1. Oktober 97

Bemerkung:
nur 2. bis 4.
Generation,
neues Gesicht

Teddy
Cranberry Bear

Geb.-Datum:
unbekannt

Bemerkung:
nur 2. und 3.
Generation,
neues Gesicht

Teddy
Jade Bear

Geb.-Datum:
unbekannt

Bemerkung:
nur 2. und 3.
Generation,
neues Gesicht

Teddy
Magenta Bear

Geb.-Datum:
unbekannt

Bemerkung:
nur 2. und 3.
Generation,
neues Gesicht

Beanie Babys Nord-Amerika

Teddy
Teal Bear

Geb.-Datum:
unbekannt

Bemerkung:
nur 1. und 2.
Generation, altes
Gesicht

Teddy
Violet Bear

Geb.-Datum:
unbekannt

Bemerkung:
nur 2. und 3.
Generation,
neues Gesicht

Trap
Die Maus

Geb.-Datum:
unbekannt

Bemerkung:
nur 1. bis 3.
Generation

Tusk
Das Walroß

Geb.-Datum:
18. September 95

Bemerkung:
nur 3. und 4.
Generation

Velvet
Der Panther

Geb.-Datum:
16. Dezember 95

Bemerkung:
nur 3. und 4.
Generation

Web
Die Spinne

Geb.-Datum:
unbekannt

Bemerkung:
nur 1. bis 3.
Generation

Britannia
Der englische Teddy

Geburtstag:
15.Dezember 97

Bestell-Nr.:
4601

Verkaufspreis

🇺🇸	$	-
🇬🇧	£	5,99-29,99
🇨🇦	Can. $	-
🇩🇪	DM	-

Sammlerpreis

🇺🇸	$	500
🇬🇧	£	270
🇨🇦	Can. $	700
🇩🇪	DM	800

Bemerkung: Exclusiv nur für Großbritannien, 3 verschiedene Generationen bekannt bzw. unterschiedliche Ausführungen

Geburtstag:
1. Juli 1996

Bestell-Nr.:
4600

Verkaufspreis

🇺🇸	$	-
🇬🇧	£	-
🇨🇦	Can. $	5-99
🇩🇪	DM	-

Sammlerpreis

🇺🇸	$	300
🇬🇧	£	180
🇨🇦	Can. $	450
🇩🇪	DM	600

Bemerkung: Exclusiv nur für Kanada, Variante mit Hang-Tag: „Special Olympics Sports Festival", Auflage 5.000 Stück + 70 % Wertzuwachs, ab 4. Generation

Clubby
Der ty Clubbär

Geburtstag:
7. Juli 1998

Bestell-Nr.:
-

Verkaufspreis

	$	6,95+Porto
	£	-
	Can. $	-
	DM	-

Sammlerpreis

	$	noch
	£	keine
	Can. $	Bewertung
	DM	möglich!

Bemerkung: Kann nur von ty Beanie Babie Clubmitgliedern bestellt werden.

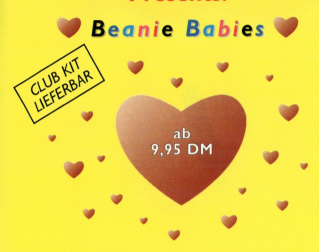

Ants
Der Nasenbär

Geburtstag: 7. November 1997 ❤ **Bestell-Nr.: 4195**

		Verkaufspreis	Sammlerpreis
🇺🇸	$	5-7	10
🇬🇧	£	4,99-8,99	7
🇨🇦	Can. $	8-10	15
🇩🇪	DM	9,95-12,95	

Bemerkung: Noch im Handel erhältlich, ab 5. Generation.

Baldy
Der Weißkopfadler

Geburtstag:
17. Februar 96

Bestell-Nr.:
4074

Verkaufspreis

	$	5-7
	£	4,99-8,99
	Can.$	8-10
	DM	9,95-12,95

Sammlerpreis

	$	ab 15
	£	ab 9
	Can.$	ab 22
	DM	ab 25

Bemerkung: Retired (Produktion eingestellt) Mai 1998, ab 4. Generation.

Batty
Die Fledermaus

Geburtstag: 29. Oktober 1996 ♥ Bestell-Nr.: 4035

		Verkaufspreis	Sammlerpreis
🇺🇸	$	5-7	ab 10
🇬🇧	£	4,99-8,99	ab 7
🇨🇦	Can. $	8-10	ab 15
🇩🇪	DM	9,95-12,95	

Bemerkung: Noch im Handel erhältlich, ab 4. Generation.

Geburtstag: 3. Februar 1998 ❤ Bestell-Nr.: 4____

		Verkaufspreis	Sammlerpreis
🇺🇸	$	5-7	noch
🇬🇧	£	4,99-8,99	keine
🇨🇦	Can. $	8-10	Bewertung
🇩🇪	DM	9,95-12,95	möglich!

Bemerkung: Neuerscheinung 01. Oktober 1998, ab 5. Generation

Bernie
Der Bernhardiner

Geburtstag: 3. Oktober 1996 ❤ Bestell-Nr.: 4109

		Verkaufspreis	Sammlerpreis
🇺🇸	$	5-7	ab 10
🇬🇧	£	4,99-8,99	ab 7
🇨🇦	Can. $	8-10	ab 15
🇩🇪	DM	9,95-12,95	ab 18

Bemerkung: Retired (Produktion eingestellt) Oktober 1998, ab 4. Generation

BEANIE LAND BERLIN

DER SPEZIALIST FÜR ALLE BEANIE BABIES UND ZUBEHÖR

BLB

WIR FREUEN UNS AUF IHRE BESTELLUNGEN

CONTACT:

F. KRETSCHMANN
MARIENDORFER DAMM 154
12107 BERLIN - GERMANY

PHONE / FAX:

+49 30 705 02 05 / 06

INTERNET:

WWW.B-NET.DE/BEANIES.HTM

Blackie
Der Bär

Geburtstag: 15. Juli 1994 ❤ **Bestell-Nr.: 4011**

		Verkaufspreis	Sammlerpreis
🇺🇸	$	5-7	ab 10
🇬🇧	£	4,99-8,99	ab 7
🇨🇦	Can. $	8-10	ab 15
🇩🇪	DM	9,95-12,95	ab 18

Bemerkung: Retired (Produktion eingestellt) Oktober 1998, ab 1.
Generation

Geburtstag: 12. Dezember 1996 ♥ Bestell-Nr.: 4163

		Verkaufspreis	Sammlerpreis
🇺🇸	$	5-7	ab 15
🇬🇧	£	4,99-8,99	ab 9
🇨🇦	Can. $	8-10	ab 22
🇩🇪	DM	9,95-12,95	ab 25

Bemerkung: Retired (Produktion eingestellt) Mai 1998, ab 4. Generation

Bones
Der Hund

Geburtstag: 18. Januar 1994 ♥ Bestell-Nr.: 4001

		Verkaufspreis	Sammlerpreis
🇺🇸	$	5-7	ab 15
🇬🇧	£	4,99-8,99	ab 9
🇨🇦	Can. $	8-10	ab 22
🇩🇪	DM	9,95 - 12,95	ab 25

Bemerkung: Retired (Produktion eingestellt) Mai 1998, ab 1.
Generation

Geburtstag:
17. August 1995

Bestell-Nr.:
4067

Verkaufspreis

$	5-7
£	4,99-8,99
Can. $	8-10
DM	9,95-12,95

Sammlerpreis

$	ab 10
£	ab 7
Can. $	ab 15
DM	

Bemerkung: Noch im Handel erhältlich (bis 1995 unter dem Namen Nana), Variante „brauner Schwanz" bekannt, ab 3. Generation

Bruno
Der Hund

Geburtstag: 9. September 1997 ❤ **Bestell-Nr.: 4183**

		Verkaufspreis	Sammlerpreis
🇺🇸	$	5-7	ab 10
🇬🇧	£	4,99-8,99	ab 7
🇨🇦	Can. $	8-10	ab 15
🇩🇪	DM	9,95 - 12,95	ab 18

Bemerkung: Retired (Produktion eingestellt) Oktober 1998, ab 5. Generation

Geburtstag: 29. Mai 1998 ❤ Bestell-Nr.: 4212

		Verkaufspreis	Sammlerpreis
🇺🇸	$	5-7	noch
🇬🇧	£	4,99-8,99	keine
🇨🇦	Can. $	8-10	Bewertung
🇩🇪	DM	9,95 - 12,95	möglich!

Bemerkung: Neuerscheinung 01. Oktober 1998, ab 5. Generation

Beanie Babies
Versandpreisliste

mit den Highlights!

unverbindlich anfordern, gg. 3,- DM in Briefmarken.

SCHINDLER & SPIELER • SCHALKER STRAßE 143
45881 GELSENKIRCHEN

(kein Ladengeschäft)

Gleich mitbestellen:

10 versch. Beanie Babies 99,- DM (zzgl. Porto + Verpackung = 13,- DM)

Börsen: Beanie Babies + Ü-Ei-Figuren

TOP-GROSSVERANSTALTUNGEN IN NRW

Bochum-Wattenscheid	**Münster (Westf.)**	**Hamm (Westf.)**
Gänsereiterhalle	Halle Münsterland	Westenschützenhof
Waltensch.-Hellweg 272	Albersloher Weg 32	Wilhelmstr.150
Sa. 23.1.99 10-16 h	Sa. 27.2.99 10-16 h	So. 10.1.99 11-16 h
Sa. 13.3.99 10-16 h	Sa. 10.4.99 10-16 h	Mo. 5.4.99 11-16 h
Sa. 8.5. 99 10-16 h	Sa. 29.5.99 10-16 h	Mo. 24.5.99 11-16 h

Essen-Steele	**Hagen (Westf.)**
Stadtgarten	Rest. Wartburg
Restaurant	Scharnhorststr. 40
Di. 5.1.99 18-22 h	So. 14.2.99 11-16 h
Di. 2.2.99 18-22 h	So. 21.3.99 11-16 h
Di. 2.3.99 18-22 h	So. 16.5.99 11-16 h

Infos und weitere Börsentermine 02 09 - 49 05 99

Geburtstag: 26. Januar 1996 ❤ **Bestell-Nr.: 4121**

		Verkaufspreis	Sammlerpreis
🇺🇸	$	5-7	ab 10
🇬🇧	£	4,99-8,99	ab 7
🇨🇦	Can. $	8-10	ab 15
🇩🇪	DM	9,95 - 12,95	

Bemerkung: Noch im Handel erhältlich, ab 4. Generation

Chocolate
Der Elch

Geburtstag: 27. April 1993 ❤ **Bestell-Nr.: 4015**

		Verkaufspreis	Sammlerpreis
🇺🇸	$	5-7	ab 10
🇬🇧	£	4,99-8,99	ab 7
🇨🇦	Can. $	8-10	ab 15
🇩🇪	DM	9,95 - 12,95	

Bemerkung: Noch im Handel erhältlich, ab 1. Generation

Claude
Der Krebs

Geburtstag: 3. September 1996 ♥ **Bestell-Nr.: 4083**

		Verkaufspreis	Sammlerpreis
🇺🇸	$	5-7	ab 10
🇬🇧	£	4,99-8,99	ab 7
🇨🇦	Can. $	8-10	ab 15
🇩🇪	DM	9,95 - 12,95	

Bemerkung: Noch im Handel erhältlich, ab 4. Generation

Congo
Der Gorilla

Geburtstag:
9. November 96

Bestell-Nr.:
4160

Verkaufspreis

🇺🇸	$	5-7
🇬🇧	£	4,99-8,99
🇨🇦	Can. $	8-10
🇩🇪	DM	9,95-12,95

Sammlerpreis

🇺🇸	$	ab 10
🇬🇧	£	ab 7
🇨🇦	Can. $	ab 15
🇩🇪	DM	

Bemerkung: Noch im Handel erhältlich, ab 4. Generation

Geburtstag: 13. Januar 1996 ♥ Bestell-Nr.: 4130

		Verkaufspreis	Sammlerpreis
🇺🇸	$	5-7	ab 10
🇬🇧	£	4,99-8,99	ab 7
🇨🇦	Can. $	8-10	ab 15
🇩🇪	DM	9,95 - 12,95	ab 18

Bemerkung: Retired (Produktion eingestellt) Oktober 1998, ab 4. Generation

Curly
Der Teddy

Geburtstag:
12. April 1996

Bestell-Nr.:
4052

Verkaufspreis

🇺🇸	$	5-10
🇬🇧	£	4,99-15
🇨🇦	Can. $	8-15
🇩🇪	DM	9,95-49,95

Sammlerpreis

🇺🇸	$	12
🇬🇧	£	7
🇨🇦	Can. $	15
🇩🇪	DM	25

Bemerkung: ab 4. Generation

Geburtstag: 10. Mai 1994 ❤ Bestell-Nr.: 4006

		Verkaufspreis	Sammlerpreis
🇺🇸	$	5-7	ab 10
🇬🇧	£	4,99-8,99	ab 7
🇨🇦	Can. $	8-10	ab 15
🇩🇪	DM	9,95 - 12,95	ab 18

Bemerkung: Retired (Produktion eingestellt) Oktober 1998, ab 1.
Generation

Geburtstag: 16. September 1995 ❤ **Bestell-Nr.: 4008**

		Verkaufspreis	Sammlerpreis
🇺🇸	$	5-7	ab 10
🇬🇧	£	4,99-8,99	ab 7
🇨🇦	Can. $	8-10	ab 15
🇩🇪	DM	9,95 - 12,95	

Bemerkung: Ohne weißem Stern und mit dünner Mähne bekannt, noch im Handel erhältlich, ab 3. Generation

Geburtstag: 9. Oktober 1996 ❤ Bestell-Nr.: 4110

		Verkaufspreis	Sammlerpreis
🇺🇸	$	5-7	ab 10
🇬🇧	£	4,99-8,99	ab 7
🇨🇦	Can. $	8-10	ab 15
🇩🇪	DM	9,95 - 12,95	

Bemerkung: Noch im Handel erhältlich, ab 4. Generation

Dotty
Der Dalmatiner

Geburtstag: 17. Oktober 1996 ❤ **Bestell-Nr.: 4100**

		Verkaufspreis	Sammlerpreis
🇺🇸	$	5-7	ab 10
🇬🇧	£	4,99-8,99	ab 7
🇨🇦	Can. $	8-10	ab 15
🇩🇪	DM	9,95 - 12,95	

Bemerkung: Noch im Handel erhältlich, ab 4. Generation

Geburtstag: 20. Februar 1997 💜 **Bestell-Nr.: 4190**

		Verkaufspreis	Sammlerpreis
🇺🇸	$	5-7	10
🇬🇧	£	4,99-8,99	7
🇨🇦	Can. $	8-10	15
🇩🇪	DM	9,95 - 12,95	

Bemerkung: 5. Generation

Ears
Der Hase

Geburtstag: 18. April 1995 ❤ **Bestell-Nr.: 4018**

		Verkaufspreis	Sammlerpreis
🇺🇸	$	5-7	ab 15
🇬🇧	£	4,99-8,99	ab 9
🇨🇦	Can. $	8-10	ab 22
🇩🇪	DM	9,95 - 12,95	ab 25

Bemerkung: Retired (Produktion eingestellt) Mai 1998, ab 3. Generation

Geburtstag: 21. Dezember 1996 ♥ Bestell-Nr.: 4180

		Verkaufspreis	Sammlerpreis
🇺🇸	$	5-7	ab 15
🇬🇧	£	4,99-8,99	ab 9
🇨🇦	Can. $	8-10	ab 22
🇩🇪	DM	9,95 - 12,95	ab 25

Bemerkung: Retired (Produktion eingestellt) Mai 1998, ab 4.
Generation

Erin
Der Teddy

Geburtstag:	
17. März 1997	
Bestell-Nr.:	
4186	

Verkaufspreis

🇺🇸	$	5-49
🇬🇧	£	4,99-29,99
🇨🇦	Can. $	8-99
🇩🇪	DM	9,95-49,--

Sammlerpreis

🇺🇸	$	30
🇬🇧	£	30
🇨🇦	Can. $	70
🇩🇪	DM	45

Bemerkung: Ab 5. Generation

Geburtstag: 4. Februar 1997 ❤ Bestell-Nr.: 4189

		Verkaufspreis	Sammlerpreis
🇺🇸	$	5-7	10
🇬🇧	£	4,99-8,99	7
🇨🇦	Can. $	8-10	15
🇩🇪	DM	9,95 - 12,95	

Bemerkung: Ab 5. Generation

Fleece
Das Lamm

Geburtstag: 21. März 1996 ❤ **Bestell-Nr.: 4125**

		Verkaufspreis	Sammlerpreis
🇺🇸	$	5-7	ab 10
🇬🇧	£	4,99-8,99	ab 7
🇨🇦	Can. $	8-10	ab 15
🇩🇪	DM	9,95 - 12,95	

Bemerkung: Noch im Handel erhältlich, ab 4. Generation

Geburtstag:
28. Mai 1996

Bestell-Nr.:
4118

Verkaufspreis

	$	5-7
	£	4,99-8,99
	Can. $	8-10
	DM	9,95-12,95

Sammlerpreis

	$	ab 15
	£	ab 9
	Can. $	ab 22
	DM	ab 25

Bemerkung: Retired (Produktion eingestellt) Mai 1998, ab 4. Generation

Fortune
Der Panda

Geburtstag:
6. Dezember 1997

Bestell-Nr.:
4196

Verkaufspreis

🇺🇸	$	5-7
🇬🇧	£	4,99-8,99
🇨🇦	Can. $	8-10
🇩🇪	DM	9,95-19,95

Sammlerpreis

🇺🇸	$	20
🇬🇧	£	7
🇨🇦	Can. $	15
🇩🇪	DM	

Bemerkung: Noch im Handel erhältlich, ab 5. Generation

Freckles
Der Leopard

Geburtstag: 3. Juni 1996 ♥ Bestell-Nr.: 4066

		Verkaufspreis	Sammlerpreis
🇺🇸	$	5-7	ab 10
🇬🇧	£	4,99-8,99	ab 7
🇨🇦	Can. $	8-10	ab 15
🇩🇪	DM	9,95 - 12,95	

Bemerkung: Noch im Handel erhältlich, ab 4. Generation

♥

Geburtstag: 7. April 1997 ❤ Bestell-Nr.: 4191

		Verkaufspreis	Sammlerpreis
🇺🇸	$	5-7	10
🇬🇧	£	4,99-8,99	7
🇨🇦	Can. $	8-10	15
🇩🇪	DM	9,95 - 12,95	

Bemerkung: Noch im Handel erhältlich, ab 5. Generation

Geburtstag:
4. Juli 1997

Bestell-Nr.:
4188

Verkaufspreis

 $	5-49
£	4,99-29,99
Can. $	8-99
DM	9,95-49,--

Sammlerpreis

$	30-55
£	30-45
Can. $	70-100
DM	45

Bemerkung: Noch im Handel erhältlich, ab 5. Generation

Gobbles
Der Truthahn

Geburtstag: 27. November 1996 ❤ **Bestell-Nr.: 4034**

		Verkaufspreis	Sammlerpreis
🇺🇸	$	5-7	ab 10
🇬🇧	£	4,99-8,99	ab 7
🇨🇦	Can. $	8-10	ab 15
🇩🇪	DM	9,95 - 12,95	

Bemerkung: Ab 4. Generation

Geburtstag: 14. November 1994 ♥ **Bestell-Nr.: 4023**

		Verkaufspreis	Sammlerpreis
	$	5-7	ab 45
	£	4,99-8,99	ab 25
	Can. $	8-10	ab 60
	DM	9,95 - 12,95	ab 90

Bemerkung: Retired (Produktion eingestellt) Dezember 1997, ab 1. Generation

Gracie
Der Schwan

Geburtstag:
17. Juni 1996

Bestell-Nr.:
4126

Verkaufspreis

$		5-7
£		4,99-8,99
Can. $		8-10
DM		9,95-12,95

Sammlerpreis

$		ab 15
£		ab 9
Can. $		ab 22
DM		ab 25

Bemerkung: Retired (Produktion eingestellt) Mai 1998, ab 4. Generation

Geburtstag:
31. August 1998

Bestell-Nr.:
4___

Verkaufspreis

🇺🇸	$	5-7
🇬🇧	£	4,99-8,99
🇨🇦	Can. $	8-10
🇩🇪	DM	9,95-12,95

Sammlerpreis

🇺🇸	$	noch
🇬🇧	£	keine
🇨🇦	Can. $	Bewertung
🇩🇪	DM	möglich!

Bemerkung: Neuerscheinung 01. Oktober 1998, ab 5. Generation

Geburtstag: 25. Februar 1994 ♥ Bestell-Nr.: 4061

		Verkaufspreis	Sammlerpreis
🇺🇸	$	5-7	ab 15
🇬🇧	£	4,99-8,99	ab 9
🇨🇦	Can. $	8-10	ab 22
🇩🇪	DM	9,95 - 12,95	ab 30

Bemerkung: Retired (Produktion eingestellt) Mai 1998, Variante in grau bekannt, ab 1. Generation

Hippity
Der grüne Hase

Geburtstag:
1. Juni 1996

Bestell-Nr.:
4119

Verkaufspreis

🇺🇸	$	5-7
🇬🇧	£	4,99-8,99
🇨🇦	Can. $	8-10
🇩🇪	DM	9,95-12,95

Sammlerpreis

🇺🇸	$	ab 15
🇬🇧	£	ab 9
🇨🇦	Can. $	ab 22
🇩🇪	DM	ab 25

Bemerkung: Retired (Produktion eingestellt) Mai 1998, ab 4. Generation

Geburtstag: 4. April 1997 ❤ **Bestell-Nr.: 4185**

		Verkaufspreis	Sammlerpreis
🇺🇸	$	5-7	10
🇬🇧	£	4,99-8,99	7
🇨🇦	Can. $	8-10	15
🇩🇪	DM	9,95 - 12,95	

Bemerkung: Noch im Handel erhältlich, ab 5. Generation

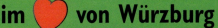

Geburtstag:
25.Dezember 98

Bestell-Nr.:
4204

Verkaufspreis

🇺🇸	$	5-7
🇬🇧	£	4,99-8,99
🇨🇦	Can. $	8-10
🇩🇪	DM	9,95-39,95

Sammlerpreis

🇺🇸	$	noch
🇬🇧	£	keine
🇨🇦	Can. $	Bewertung
🇩🇪	DM	möglich!

Bemerkung: Neuerscheinung 01. Oktober 1998, ab 5. Generation

Hoppity
Der rosa Hase

Geburtstag:
3. April 1996

Bestell-Nr.:
4117

Verkaufspreis

🇺🇸	$	5-7
🇬🇧	£	4,99-8,99
🇨🇦	Can. $	8-10
🇩🇪	DM	9,95-12,95

Sammlerpreis

🇺🇸	$	15
🇬🇧	£	9
🇨🇦	Can. $	22
🇩🇪	DM	25

Bemerkung: Retired (Produktion eingestellt) Mai 1998, ab 4. Generation

Iggy
Der Leguan

Geburtstag: 12. August 1997 ❤ **Bestell-Nr.: 4038**

		Verkaufspreis	Sammlerpreis
🇺🇸	$	5-7	10
🇬🇧	£	4,99-8,99	7
🇨🇦	Can. $	8-10	15
🇩🇪	DM	9,95 - 12,95	

Bemerkung: Noch im Handel erhältlich, weitere Variation wurde versehentlich mit Rainbow-Tag ausgeliefert, ab 5. Generation

❤

Inch
Der Wurm

Geburtstag: 3. September 1995 ❤ **Bestell-Nr.: 4044**

		Verkaufspreis	Sammlerpreis
🇺🇸	$	5-7	ab 15
🇬🇧	£	4,99-8,99	ab 9
🇨🇦	Can. $	8-10	ab 22
🇩🇪	DM	9,95 - 12,95	ab 25

Bemerkung: Retired (Produktion eingestellt) Mai 1998, 3. und
Anfang 4. Generation mit dicken Fühlern bekannt, ab 3. Generation

Inky
Der Tintenfisch

Geburtstag: 29. November 1994 ❤ Bestell-Nr.: 4028

		Verkaufspreis	Sammlerpreis
🇺🇸	$	5-7	ab 20
🇬🇧	£	4,99-8,99	ab 12
🇨🇦	Can. $	8-10	ab 28
🇩🇪	DM	9,95 - 12,95	ab 35

Bemerkung: Retired (Produktion eingestellt) Mai 1998, ab 1. Generation mit und ohne Mund, komplett in grau bekannt, ab 1. Generation

Jabber
Der Papagei

Geburtstag: 10. Oktober 1997 ♥ **Bestell-Nr.: 4197**

		Verkaufspreis	Sammlerpreis
🇺🇸	$	5-7	10
🇬🇧	£	4,99-8,99	7
🇨🇦	Can. $	8-10	15
🇩🇪	DM	9,95 - 12,95	

Bemerkung: Noch im Handel erhältlich, ab 5. Generation

Geburtstag: 16. April 1997 ❤ **Bestell-Nr.: 4199**

		Verkaufspreis	Sammlerpreis
🇺🇸	$	5-7	10
🇬🇧	£	4,99-8,99	7
🇨🇦	Can. $	8-10	15
🇩🇪	DM	9,95 - 12,95	

Bemerkung: Noch im Handel erhältlich, ab 5. Generation

Jolly
Das Walroß

Geburtstag: 2. Dezember 1996 ❤ **Bestell-Nr.: 4082**

		Verkaufspreis	Sammlerpreis
🇺🇸	$	5-7	ab 15
🇬🇧	£	4,99-8,99	ab 9
🇨🇦	Can. $	8-10	ab 22
🇩🇪	DM	9,95 - 12,95	ab 25

Bemerkung: Retired (Produktion eingestellt) Mai 1998, ab 4. Generation

Kuku
Der Kakadu

Geburtstag:
5. Januar 1997

Bestell-Nr.:
4192

Verkaufspreis

 $	5-7
£	4,99-8,99
Can. $	8-10
DM	9,95-12,95

Sammlerpreis

$	10
£	7
Can. $	15
DM	

Bemerkung: Noch im Handel erhältlich, ab 5. Generation

Legs
Der Frosch

Geburtstag: 25. April 1993 ❤ **Bestell-Nr.: 4020**

		Verkaufspreis	Sammlerpreis
🇺🇸	$	5-7	ab 25
🇬🇧	£	4,99-8,99	ab 15
🇨🇦	Can. $	8-10	ab 40
🇩🇪	DM	9,95 - 12,95	ab 45

Bemerkung: Retired (Produktion eingestellt) Oktober 1997, ab 1. Generation

Loosy
Die kanadische Gans

Geburtstag: 29. März 1998 ♥ Bestell-Nr.: 4___

		Verkaufspreis	Sammlerpreis
🇺🇸	$	5-7	noch
🇬🇧	£	4,99-8,99	keine
🇨🇦	Can. $	8-10	Bewertung
🇩🇪	DM	9,95 - 12,95	möglich!

Bemerkung: Neuerscheinung 01. Oktober 1998, ab 5. Generation

Geburtstag: 1. Mai 1995 ♥ Bestell-Nr.: 4040

		Verkaufspreis	Sammlerpreis
🇺🇸	$	5-7	ab 20
🇬🇧	£	4,99-8,99	ab 12
🇨🇦	Can. $	8-10	ab 28
🇩🇪	DM	9,95 - 12,95	ab 35

Bemerkung: Retired (Produktion eingestellt) Mai 1998, Lucky ist mit 7 Punkten bis 3. Generation und in der 4. Generation mit über 21 Punkten bekannt, ab 1. Generation

Mel
Der Koalabär

Geburtstag:
15. Januar 1996
Bestell-Nr.:
4162

Verkaufspreis

🇺🇸	$	5-7
🇬🇧	£	4,99-8,99
🇨🇦	Can. $	8-10
🇩🇪	DM	9,95-12,95

Sammlerpreis

🇺🇸	$	ab 10
🇬🇧	£	ab 7
🇨🇦	Can. $	ab 15
🇩🇪	DM	

Bemerkung: Noch im Handel erhältlich, ab 4. Generation

Geburtstag: 21. Mai 1994 ♥ Bestell-Nr.: 4007

		Verkaufspreis	Sammlerpreis
	$	5-7	ab 10
	£	4,99-8,99	ab 7
	Can. $	8-10	ab 15
	DM	9,95 - 12,95	

Bemerkung: Noch im Handel erhältlich, mit braunem Horn und feiner Mähne bekannt, ab 1. Generation

Nanook
Der Husky

Geburtstag: 21. November 1996 ♥ Bestell-Nr.: 4104

		Verkaufspreis	Sammlerpreis
	$	5-7	ab 10
	£	4,99-8,99	ab 7
	Can. $	8-10	ab 15
	DM	9,95 - 12,95	

Bemerkung: Noch im Handel erhältlich, ab 4. Generation

Nuts
Das Eichhörnchen

Geburtstag:
21. Januar 1996

Bestell-Nr.:
4114

Verkaufspreis

$	5-7
£	4,99-8,99
Can. $	8-10
DM	9,95-12,95

Sammlerpreis

$	ab 10
£	ab 7
Can. $	ab 15
DM	

Bemerkung: Ab 4. Generation

Patti
Die Ente

Geburtstag: 6. Januar 1993 ❤ **Bestell-Nr.: 4025**

		Verkaufspreis	Sammlerpreis
🇺🇸	$	5-7	ab 15
🇬🇧	£	4,99-8,99	ab 9
🇨🇦	Can. $	8-10	ab 22
🇩🇪	DM	9,95 - 12,95	ab 25

Bemerkung: Retired (Produktion eingestellt) Mai 1998, ab 1.
Generation, Variante in Farbe magenta bekannt

Geburtstag:
1. Februar 1996

Bestell-Nr.:
4053

Verkaufspreis

$	5-10
£	4,99-15
Can. $	8-15
DM	9,95-39,95

Sammlerpreis

$	10-15
£	6-9
Can. $	15-20
DM	25

Bemerkung: Ab 4. Generation (viele Farbvariationen), wurde jetzt in deutlich pastelleren Farben in den USA ausgeliefert!

Peanut
Der Elefant

Geburtstag: 25. Januar 1995 ❤ Bestell-Nr.: 4062

		Verkaufspreis	Sammlerpreis
🇺🇸	$	5-7	ab 20
🇬🇧	£	4,99-8,99	ab 12
🇨🇦	Can. $	8-10	ab 28
🇩🇪	DM	9,95 - 12,95	ab 35

Bemerkung: Retired (Produktion eingestellt) Mai 1998, auch in dunkelblau bekannt, ab 3. Generation

Geburtstag: 19. Juni 1993 ❤ Bestell-Nr.: 4026

		Verkaufspreis	Sammlerpreis
🇺🇸	$	5-7	15
🇬🇧	£	4,99-8,99	9
🇨🇦	Can. $	8-10	22
🇩🇪	DM	9,95 - 12,95	25

Bemerkung: Retired (Produktion eingestellt) Mai 1998, ab 1.
Generation

Pinky
Der Flamingo

Geburtstag: 13. Februar 1995 ♥ Bestell-Nr.: 4072

		Verkaufspreis	Sammlerpreis
	$	5-7	ab 10
	£	4,99-8,99	ab 7
	Can. $	8-10	ab 15
	DM	9,95 - 12,95	

Bemerkung: Noch im Handel erhältlich, ab 3. Generation

Pouch
Das Känguruh

Geburtstag:
6. November 1996

Bestell-Nr.:
4161

Verkaufspreis

	$	5-7
	£	4,99-8,99
	Can. $	8-10
	DM	9,95-12,95

Sammlerpreis

	$	ab 10
	£	ab 7
	Can. $	ab 15
	DM	

Bemerkung: Noch im Handel erhältlich, ab 4. Generation

Pounce
Die Katze

Geburtstag: 28. August 1997 ❤ **Bestell-Nr.: 4122**

		Verkaufspreis	Sammlerpreis
🇺🇸	$	5-7	10
🇬🇧	£	4,99-8,99	7
🇨🇦 Can.	$	8-10	15
🇩🇪	DM	9,95 - 12,95	

Bemerkung: Noch im Handel erhältlich, ab 5. Generation

Prance
Die Katze

Geburtstag: 20. November 1997 💜 **Bestell-Nr.: 4123**

		Verkaufspreis	Sammlerpreis
🇺🇸	$	5-7	10
🇬🇧	£	4,99-8,99	7
🇨🇦	Can. $	8-10	15
🇩🇪	DM	9,95 - 12,95	

Bemerkung: Noch im Handel erhältlich, ab 5. Generation

Princess
Der Teddy

Geburtstag:
-

Bestell-Nr.:
4300

Verkaufspreis

🇺🇸	$	5-49
🇬🇧	£	4,99-29,99
🇨🇦	Can. $	8-99
🇩🇪	DM	9,95-49

Sammlerpreis

🇺🇸	$	30
🇬🇧	£	20
🇨🇦	Can. $	70
🇩🇪	DM	45

Bemerkung: Mit PVC-Kugeln retired (Produktion eingestellt), ab 5. Generation, Variante mit PVC-Füllung, deutlich höher im Preis bewertet als Princess mit PE-Füllung

Geburtstag:
3. November 97

Bestell-Nr.:
4181

Verkaufspreis

 $	5-7
£	4,99-8,99
Can. $	8-10
DM	9,95-12,95

Sammlerpreis

$	10
£	7
Can. $	15
DM	18

Bemerkung: Retired (Produktion eingestellt) Oktober 1998, ab 5. Generation

Pugsly
Der Mops

Geburtstag: 2. Mai 1996 ❤ **Bestell-Nr.: 4106**

		Verkaufspreis	Sammlerpreis
🇺🇸	$	5-7	ab 10
🇬🇧	£	4,99-8,99	ab 7
🇨🇦	Can. $	8-10	ab 15
🇩🇪	DM	9,95 - 12,95	

Bemerkung: Noch im Handel erhältlich, ab 4. Generation

Pumkin
Der Kürbis

Geburtstag: 31. Oktober 1998 ❤ **Bestell-Nr.: 4___**

		Verkaufspreis	Sammlerpreis
🇺🇸	$	5-7	noch
🇬🇧	£	4,99-8,99	keine
🇨🇦	Can. $	8-10	Bewertung
🇩🇪	DM	9,95 - 12,95	möglich!

Bemerkung: Neuerscheinung 01. Oktober 1998, ab 5. Generation

Geburtstag: 19. April 1994 ❤ **Bestell-Nr.: 4024**

		Verkaufspreis	Sammlerpreis
🇺🇸	$	5-7	ab 15
🇬🇧	£	4,99-8,99	ab 9
🇨🇦	Can. $	8-10	ab 22
🇩🇪	DM	9,95 - 12,95	ab 25

Bemerkung: Retired (Produktion eingestellt) Mai 1998, auch ohne Flügel bekannt, ab 1. Generation

Rainbow
Das Chamäleon

Geburtstag: 14. Oktober 1997 ♥ **Bestell-Nr.: 4037**

		Verkaufspreis	Sammlerpreis
🇺🇸	$	5-7	10
🇬🇧	£	4,99-8,99	7
🇨🇦	Can. $	8-10	15
🇩🇪	DM	9,95 - 12,95	

Bemerkung: Mit und ohne Zunge bekannt, weitere Variante wurde versehentlich mit Iggy-Tag ausgeliefert, noch im Handel erhältlich, ab 5. Generation

Geburtstag: 14. Juli 1995 ❤ **Bestell-Nr.: 4014**

		Verkaufspreis	Sammlerpreis
🇺🇸	$	5-7	ab 10
🇬🇧	£	4,99-8,99	ab 7
🇨🇦	Can. $	8-10	ab 15
🇩🇪	DM	9,95 - 12,95	ab 18

Bemerkung: Retired (Produktion eingestellt) Oktober 1998, ab 3. Generation

Roam
Der Büffel

Geburtstag: 27. September 1998 💜 **Bestell-Nr.: 4209**

		Verkaufspreis	Sammlerpreis
🇺🇸	$	5-7	noch
🇬🇧	£	4,99-8,99	keine
🇨🇦	Can. $	8-10	Bewertung
🇩🇪	DM	9,95 - 12,95	möglich!

Bemerkung: Neuerscheinung 01. Oktober 1998, ab 5. Generation

Roary
Der Löwe

Geburtstag: 20. Februar 1996 ♥ **Bestell-Nr.: 4069**

		Verkaufspreis	Sammlerpreis
🇺🇸	$	5-7	10
🇬🇧	£	4,99-8,99	7
🇨🇦	Can. $	8-10	15
🇩🇪	DM	9,95 - 12,95	

Bemerkung: Noch im Handel erhältlich, ab 4. Generation, wahrscheinlich in Kürze Namensänderung

Rocket
Der blaue Kardinal

Geburtstag: 12. März 1997 ❤ **Bestell-Nr.: 4202**

		Verkaufspreis	Sammlerpreis
🇺🇸	$	5-7	10
🇬🇧	£	4,99-8,99	7
🇨🇦	Can. $	8-10	15
🇩🇪	DM	9,95 - 12,95	

Bemerkung: Noch im Handel erhältlich, ab 5. Generation

Rover
Der Hund

Geburtstag: 30. Mai 1996 ♥ Bestell-Nr.: 4101

		Verkaufspreis	Sammlerpreis
🇺🇸	$	5-7	15
🇬🇧	£	4,99-8,99	9
🇨🇦	Can. $	8-10	22
🇩🇪	DM	9,95 - 12,95	25

Bemerkung: Retired (Produktion eingestellt) Mai 1998, ab 4. Generation

Santa
Der Nikolaus

Geburtstag:
6. Dezember 98

Bestell-Nr.:
4203

Verkaufspreis

	$	5-7
	£	4,99-8,99
	Can. $	8-10
	DM	9,95-12,95

Sammlerpreis

	$	noch
	£	keine
	Can. $	Bewertung
	DM	möglich!

Bemerkung: Neuerscheinung 01. Oktober 1998, ab 5. Generation

Scoop
Der Pelikan

Geburtstag: 1. Juli 1996 ♥ Bestell-Nr.: 4107

		Verkaufspreis	Sammlerpreis
🇺🇸	$	5-7	10
🇬🇧	£	4,99-8,99	7
🇨🇦	Can. $	8-10	15
🇩🇪	DM	9,95 - 12,95	

Bemerkung: Ab 4. Generation

Scorch
Der Drachen

Geburtstag: 31. Juli 1998 ❤ **Bestell-Nr.: 4___**

		Verkaufspreis	Sammlerpreis
	$	5-7	noch
	£	4,99-8,99	keine
	Can. $	8-10	Bewertung
	DM	9,95-12,95	möglich!

Bemerkung: Neuerscheinung 01. Oktober 1998, ab 5. Generation

Scottie
Der Terrier

Geburtstag: 15. Juni 1996 ♥ Bestell-Nr.: 4102

		Verkaufspreis	Sammlerpreis
🇺🇸	$	5-7	15
🇬🇧	£	4,99-8,99	9
🇨🇦	Can. $	8-10	22
🇩🇪	DM	9,95 - 12,95	25

Bemerkung: Retired (Produktion eingestellt) Mai 1998, ab 4. Generation

Geburtstag:
19. März 1996

Bestell-Nr.:
4080

Verkaufspreis

 $		5-7
	£	4,99-8,99
	Can. $	8-10
	DM	9,95-12,95

Sammlerpreis

	$	ab 10
	£	ab 7
	Can. $	ab 15
	DM	ab 18

Bemerkung: Retired (Produktion eingestellt) Oktober 1998, ab 3. Generation

Sly
Der Fuchs

Geburtstag: 12. September 1996 ❤ **Bestell-Nr.: 4115**

		Verkaufspreis	Sammlerpreis
🇺🇸	$	5-7	ab 10
🇬🇧	£	4,99-8,99	ab 7
🇨🇦	Can. $	8-10	ab 15
🇩🇪	DM	9,95 - 12,95	ab 18

Bemerkung: Retired (Produktion eingestellt) Oktober 1998, auch mit braunem Bauch bekannt, ab 4. Generation

Geburtstag: 1. Oktober 1997 ♥ **Bestell-Nr.: 4039**

		Verkaufspreis	Sammlerpreis
🇺🇸	$	5-7	10
🇬🇧	£	4,99-8,99	7
🇨🇦	Can. $	8-10	15
🇩🇪	DM	9,95 - 12,95	

Bemerkung: Noch im Handel erhältlich, ab 5. Generation

Snip
Die Siamkatze

Geburtstag: 22. Oktober 1996 💜 **Bestell-Nr.: 4120**

		Verkaufspreis	Sammlerpreis
🇺🇸	$	5-7	ab 10
🇬🇧	£	4,99-8,99	ab 7
🇨🇦	Can. $	8-10	ab 15
🇩🇪	DM	9,95 - 12,95	

Bemerkung: Noch im Handel erhältlich, ab 4. Generation

Geburtstag: 15. Mai 1995 ❤ Bestell-Nr.: 4002

		Verkaufspreis	Sammlerpreis
🇺🇸	$	5-7	ab 10
🇬🇧	£	4,99-8,99	ab 7
🇨🇦	Can. $	8-10	ab 15
🇩🇪	DM	9,95 - 12,95	ab 18

Bemerkung: Retired (Produktion eingestellt) Oktober 1998, ab 4. Generation

Snowball
Der Schneemann

Geburtstag:
22.Dezember 96

Bestell-Nr.:
4201

Verkaufspreis

	$	5-7
	£	4,99-8,99
	Can. $	8-10
	DM	9,95-12,95

Sammlerpreis

	$	40
	£	30
	Can. $	70
	DM	90

Bemerkung: Retired (Produktion eingestellt) Dezember 1997, nur 4. Generation

Geburtstag: 13. August 1996 ❤ **Bestell-Nr.: 4060**

		Verkaufspreis	Sammlerpreis
🇺🇸	$	5-7	ab 10
🇬🇧	£	4,99-8,99	ab 7
🇨🇦	Can. $	8-10	ab 15
🇩🇪	DM	9,95 - 12,95	

Bemerkung: Noch im Handel erhältlich, ab 4. Generation

Spinner
Die Spinne

Geburtstag: 28. Oktober 1996 ♥ **Bestell-Nr.: 4036**

		Verkaufspreis	Sammlerpreis
🇺🇸	$	5-7	ab 10
🇬🇧	£	4,99-8,99	ab 7
🇨🇦	Can. $	8-10	ab 15
🇩🇪	DM	9,95 - 12,95	ab 18

Bemerkung: Retired (Produktion eingestellt) Oktober 1998, ab 4. Generation

Geburtstag:
31. Oktober 95

Bestell-Nr.:
4090

Verkaufspreis

 $	5-7
£	4,99-8,99
Can. $	8-10
DM	9,95-12,95

Sammlerpreis

$	40
£	30
Can. $	70
DM	90

Bemerkung: Retired (Produktion eingestellt) Dezember 1997, ab 3. Generation

Spunky
Der Cockerspaniel

Geburtstag: 14. Januar 1997 ❤ **Bestell-Nr.: 4184**

		Verkaufspreis	Sammlerpreis
🇺🇸	$	5-7	10
🇬🇧	£	4,99-8,99	7
🇨🇦	Can. $	8-10	15
🇩🇪	DM	9,95 - 12,95	

Bemerkung: Noch im Handel erhältlich, ab 5. Generation

❤

Geburtstag: 23. April 1993 ♥ **Bestell-Nr.: 4005**

		Verkaufspreis	Sammlerpreis
	$	5-7	20
	£	4,99-8,99	12
	Can. $	8-10	28
	DM	9,95 - 12,95	35

Bemerkung: Retired (Produktion eingestellt) Mai 1998, ab 1.
Generation

Stinger
Der Skorpion

Geburtstag: 29. September 1997 ♥ **Bestell-Nr.: 4193**

		Verkaufspreis	Sammlerpreis
🇺🇸	$	5-7	10
🇬🇧	£	4,99-8,99	7
🇨🇦	Can. $	8-10	15
🇩🇪	DM	9,95 - 12,95	

Bemerkung: Ab 5. Generation

Geburtstag: 13. Februar 1995 ♥ **Bestell-Nr.: 4017**

		Verkaufspreis	Sammlerpreis
🇺🇸	$	5-7	ab 10
🇬🇧	£	4,99-8,99	ab 7
🇨🇦	Can. $	8-10	ab 15
🇩🇪	DM	9,95 - 12,95	

Bemerkung: Ab 3. Generation

Stretch
Der Strauß

Geburtstag: 21. September 1997 ❤ **Bestell-Nr.: 4182**

		Verkaufspreis	Sammlerpreis
🇺🇸	$	5-7	10
🇬🇧	£	4,99-8,99	7
🇨🇦	Can. $	8-10	15
🇩🇪	DM	9,95 - 12,95	

Bemerkung: Ab 5. Generation

Geburtstag: 11. Juni 1995 ♥ Bestell-Nr.: 4065

		Verkaufspreis	Sammlerpreis
🇺🇸	$	5-7	15
🇬🇧	£	4,99-8,99	9
🇨🇦	Can. $	8-10	22
🇩🇪	DM	9,95 - 12,95	25

Bemerkung: Retired (Produktion eingestellt) Mai 1998, mit mehreren schwarzen Strichen bekannt, ab 3. Generation

Strut
Der Hahn

Geburtstag:
8. März 1996

Bestell-Nr.:
4171

Verkaufspreis

🇺🇸	$	5-7
🇬🇧	£	4,99-8,99
🇨🇦	Can. $	8-10
🇩🇪	DM	9,95-12,95

Sammlerpreis

🇺🇸	$	ab 10
🇬🇧	£	ab 7
🇨🇦	Can. $	ab 15
🇩🇪	DM	

Bemerkung: Auch mit Hang-Tag „Doodle" bekannt, ab 4. Generation

Geburtstag:
25.Dezember 96

Bestell-Nr.:
4200

Verkaufspreis

🇺🇸	$	5-7
🇬🇧	£	4,99-8,99
🇨🇦	Can. $	8-10
🇩🇪	DM	9,95-12,95

Sammlerpreis

🇺🇸	$	60
🇬🇧	£	50
🇨🇦	Can. $	80
🇩🇪	DM	120

Bemerkung: Retired (Produktion eingestellt) Dezember 1997, nur 4. Generation

Geburtstag: 5. Juni 1997❤ **Bestell-Nr.: 4198**

		Verkaufspreis	Sammlerpreis
🇺🇸	$	5-7	10
🇬🇧	£	4,99-8,99	7
🇨🇦	Can. $	8-10	15
🇩🇪	DM	9,95 - 12,95	

Bemerkung: Noch im Handel erhältlich, ab 5. Generation

Geburtstag: 12. Oktober 1996 ❤ **Bestell-Nr.: 4108**

		Verkaufspreis	Sammlerpreis
🇺🇸	$	5-7	ab 10
🇬🇧	£	4,99-8,99	ab 7
🇨🇦	Can. $	8-10	ab 15
🇩🇪	DM	9,95 - 12,95	

Bemerkung: Noch im Handel erhältlich, ab 4. Generation

Twigs
Die Giraffe

Geburtstag: 19. Mai 1995 ♥ Bestell-Nr.: 4068

		Verkaufspreis	Sammlerpreis
	$	5-7	ab 20
	£	4,99-8,99	ab 12
	Can. $	8-10	ab 18
	DM	9,95 - 12,95	ab 35

Bemerkung: Retired (Produktion eingestellt) Mai 1998, ab 3. Generation

Valentino
Der Teddy

Geburtstag:
14. Februar 94

Bestell-Nr.:
4058

Verkaufspreis

	$	5-10
	£	4,99-15
	Can. $	8-15
	DM	9,95-49,95

Sammlerpreis

	$	12
	£	7
	Can. $	17
	DM	25

Bemerkung: Ab 2. Generation

Waddle
Der Pinguin

Geburtstag:
19.Dezember 95

Bestell-Nr.:
4075

Verkaufspreis

$	5-7
£	4,99-8,99
Can. $	8-10
DM	9,95-12,95

Sammlerpreis

$	15
£	9
Can. $	22
DM	25

Bemerkung: Retired (Produktion eingestellt) Mai 1998, ab 3. Generation

Geburtstag: 8. Dezember 1996 ❤ **Bestell-Nr.: 4084**

		Verkaufspreis	Sammlerpreis
🇺🇸	$	5-7	15
🇬🇧	£	4,99-8,99	9
🇨🇦	Can. $	8-10	22
🇩🇪	DM	9,95 - 12,95	25

Bemerkung: Retired (Produktion eingestellt) Mai 1998, ab 4. Generation

Weenie
Der Dackel

Geburtstag: 20. Juli 1995 ❤ **Bestell-Nr.: 4013**

		Verkaufspreis	Sammlerpreis
🇺🇸	$	5-7	15
🇬🇧	£	4,99-8,99	9
🇨🇦	Can. $	8-10	22
🇩🇪	DM	9,95 - 12,95	25

Bemerkung: Retired (Produktion eingestellt) Mai 1998, ab 3. Generation

Geburtstag: 5. April 1997 ❤ **Bestell-Nr.: 4194**

		Verkaufspreis	Sammlerpreis
🇺🇸	$	5-7	10
🇬🇧	£	4,99-8,99	7
🇨🇦	Can. $	8-10	15
🇩🇪	DM	9,95 - 12,95	

Bemerkung: Noch im Handel erhältlich, ab 5. Generation

Wise
Die Eule

Geburtstag:
31. Mai 1997

Bestell-Nr.:
4187

Verkaufspreis

	$	5-7
	£	4,99-8,99
	Can. $	8-10
	DM	9,95-12,95

Sammlerpreis

	$	20
	£	12
	Can. $	28
	DM	35

Bemerkung: Noch im Handel erhältlich, jedoch wird spekulativ gehandelt, ab 5. Generation

Geburtstag: 1. Mai 1996 ♥ Bestell-Nr.: 4103

		Verkaufspreis	Sammlerpreis
🇺🇸	$	5-7	ab 10
🇬🇧	£	4,99-8,99	ab 7
🇨🇦	Can. $	8-10	ab 15
🇩🇪	DM	9,95 - 12,95	ab 18

Bemerkung: Retired (Produktion eingestellt) Oktober 1998, ab 4. Generation

Geburtstag: 2. Januar 1998 ❤ **Bestell-Nr.: 4207**

		Verkaufspreis	Sammlerpreis
🇺🇸	$	5-7	noch
🇬🇧	£	4,99-8,99	keine
🇨🇦	Can. $	8-10	Bewertung
🇩🇪	DM	9,95-12,95	möglich!

Bemerkung: Neuerscheinung 01. Oktober 1998, ab 5. Generation

Geburtstag: 24. Dezember 1995 ❤ **Bestell-Nr.: 4063**

		Verkaufspreis	Sammlerpreis
🇺🇸	$	5-7	15
🇬🇧	£	4,99-8,99	9
🇨🇦	Can. $	8-10	22
🇩🇪	DM	9,95 - 12,95	25

Bemerkung: Retired (Produktion eingestellt) Mai 1998, ab 3. Generation

Geburtstag: 28. März 1994 ❤ **Bestell-Nr.: 4004**

		Verkaufspreis	Sammlerpreis
🇺🇸	$	5-7	30
🇬🇧	£	4,99-8,99	20
🇨🇦	Can. $	8-10	45
🇩🇪	DM	9,95 - 12,95	40

Bemerkung: Retired (Produktion eingestellt) Mai 1998, auch mit schwarzen Pfoten oder weißem Gesicht bekannt, ab 2. Generation

Chocolate
Der Elch

Set 1
Ersch.jahr: 1997

Chops
Das Lamm

Set 1
Ersch.jahr: 1997

Goldie
Der Goldfisch

Set 1
Ersch.jahr: 1997

Lizz
Die Eidechse

Set 1
Ersch.jahr: 1997

Patti
Die Ente

Set 1
Ersch.jahr: 1997

Pinky
Der Flamingo

Set 1
Ersch.jahr: 1997

Quacks
Die Ente

Set 1
Ersch.jahr: 1997

Seamore
Der Seehund

Set 1
Ersch.jahr: 1997

Snort
Der Bulle

Set 1
Ersch.jahr: 1997

McDonald´s USA Teenie Beanies

Speedy
Die Schildkröte

Set 1
Ersch.jahr: 1997

Bones
Der Hund

Set 2
Ersch.jahr: 1998

Bongo
Der Schimpanse

Set 2
Ersch.jahr: 1998

McDonald´s USA Teenie Beanies

Doby
Der Hund

Set 2
Ersch.jahr: 1998

Happy
Das Nilpferd

Set 2
Ersch.jahr: 1998

Inch
Der Wurm

Set 2
Ersch.jahr: 1998

McDonald´s USA Teenie Beanies

Mel
Der Koalabär

Set 2
Ersch.jahr: 1998

Peanut
Der Elefant

Set 2
Ersch.jahr: 1998

Pinchers
Der Hummer

Set 2
Ersch.jahr: 1998

Scoop
Der Pelikan

Set 2
Ersch.jahr: 1998

Twigs
Die Giraffe

Set 2
Ersch.jahr: 1998

Waddle
Der Pinguin

Set 2
Ersch.jahr: 1998

Zip
Die Katze

Set 2
Ersch.jahr: 1998

Diorama

Set 2
Ersch.jahr: 1998